★ 成长必读的逆商培养绘本 ★

不分享行不行？

〔英〕西蒙·菲利普◎著

〔英〕露西娅·加焦蒂◎绘　李独怡◎译

北京科学技术出版社

100 层童书馆

一天早上，我懒洋洋地躺在床上，
爸爸妈妈微笑着走过来对我说：
"来，让爸爸妈妈抱一抱吧！
我们有一个重要的消息要告诉你。"

就是在那一刻，我得知，
我们小小的、完美的三口之家
很快就要变成四口之家了。
妈妈告诉我："你要学会**分享**。"

"**太好了**！"我说，"我要当姐姐了！我已经等不及了！
别担心，我会是一个**很棒**的姐姐。"

大姐姐

分享
绝对是
应该的！

在学校里，我告诉我的小伙伴们，

每个人都应该有机会。

大家**都得**轮着来，这很重要，

所以他们明白了分享是一件好事。

于是，在我的生日即将到来之际，
我给**所有**的小伙伴都发了邀请信，
请他们参加我的生日派对。
我可真是个贴心的、无私的朋友——
我懂得分享。

但是，在生日派对上，
我突然发现，大家居然没有全都围着我转！
我跺了跺脚！**怎么可以**这样？

我不想分享了。

不过，我还是**分享**了。

在小伙伴们的要求下，我拿来了生日蛋糕，

给他们每个人都分了一丁点儿。

然后，我把剩下的蛋糕藏了起来。

因为我想要**一大份**！

然而，小伙伴们发现了我的秘密基地。
看到我狼吞虎咽地吃着那么大一块蛋糕，
他们非常生气，嚷嚷道：
"你竟然独占了那么大一份！"

爸爸妈妈说："你那样做是**不对**的！"

那天晚上回到房间后，

我意识到也许我**并不懂**分享。

第二天，我被爸爸妈妈急匆匆地送到了爷爷奶奶家。

他们说小宝宝今天要来了！

但是，我还不会分享，怎么办？

爷爷注意到我有些反常，就问我原因。

"我总是把事情搞砸，"我哭着说，

"因为我不会分享。"

爷爷笑着说："跟别人分享自己喜欢的东西，

是一件挺难的事。

我想，你只是练习得不够。

每个人都必须经历一个**学习**分享的过程。"

他还说：

"我也是通过**学习**才懂得

怎样跟你奶奶分享我的生活、食物、被子……

我爱她，但是我们也会争吵。

我用了很长时间才学会分享。"

"他有时候把我气得只想大喊大叫！"

奶奶眨了眨眼睛，脸上的笑容闪闪发光。

"我们是一个超级团队，

因为我们学会了分享。"

我跟爷爷奶奶说了我担心的事情：

小宝宝来了以后，

我会把事情搞砸，

因为我一点儿都不知道怎么分享！

我担心，爸爸妈妈对我不再像以前那样好，

他们可能再也不爱我，

或者再也没有足够的爱分给我。

爷爷奶奶紧紧地抱着我，安慰我。

他们说："**不会的**！

爸爸妈妈会一直爱你！

他们**永远**都有足够的爱让你和小宝宝分享！"

第一次看到弟弟的时候，

我觉得我从来没有那么**激动**过！

我抱着他，他躺在我怀里，我们一起分享这美妙的时光！

现在我迫不及待地想看看我们能做什么——

就只有我和他！

我十分确信，

我们有**很多**快乐可以分享！

可是，**糟糕**！

他会做的只有哭、制造臭味以及霸占爸爸妈妈。

这样，爸爸妈妈就没有时间分给我了。

现在我不太确定

弟弟的到来是不是一件让我高兴的事情，

因为我有些伤心。

妈妈筋疲力尽，爸爸也疲惫不堪。

他们**太累了**，根本顾不上我。

弟弟**又**开始哭了，

没人知道他为什么哭，

也没人知道怎么让他停下来……

我来**试试**吧。

我选了一些东西跟他分享。

没想到……

这一招竟然**奏效**了！

突然之间，他变得**那么**乖巧，

我兴奋得心都要跳出来了。

我很高兴我选择了分享。

我很高兴现在我们家有四口人，
而不是只有三口人！
爸爸妈妈说他们为我感到骄傲，
因为我学会了分享。

其实分享**并不难**，

因为有数不清的东西适合分享：

拥抱、秘密、欢笑、

宠物、书、泡泡浴，

以及最喜爱的玩具和照片。

我真的**想**分享！

我的生日又到了，

这一次我改正了错误——

我给每个小伙伴都分了一块大大的蛋糕！

我真的
好爱分享。

I Really Want to Share

First published in 2022 by Templar Publishing

Copyright © 2022 by Simon Philip and Lucia Gaggiotti

Simplified Chinese translation copyright © 2022 by Beijing Science and Technology Publishing Co., Ltd.

本作品简体中文专有出版权经由 Chapter Three Culture 独家授权

著作权合同登记号 图字：01-2022-3793

图书在版编目（CIP）数据

不分享行不行？/（英）西蒙·菲利普著；（英）露西娅·加焦蒂绘；李独怡译 . — 北京：北京科学技术出版社，2022.11（2024.2 重印）
书名原文：I Really Want to Share
ISBN 978-7-5714-2450-3

Ⅰ . ①不… Ⅱ . ①西… ②露… ③李… Ⅲ . ①儿童故事—图画故事—英国—现代 Ⅳ . ① I561.85

中国版本图书馆 CIP 数据核字（2022）第 118999 号

策划编辑：李独怡	电　　话：0086-10-66135495（总编室）
责任编辑：樊川燕	0086-10-66113227（发行部）
封面设计：包荧莹	网　　址：www.bkydw.cn
图文制作：史维肖	印　　刷：北京盛通印刷股份有限公司
责任印制：吕　越	开　　本：889 mm × 1050 mm　1/16
出 版 人：曾庆宇	字　　数：31千字
出版发行：北京科学技术出版社	印　　张：2.5
社　　址：北京西直门南大街16号	版　　次：2022年11月第1版
邮政编码：100035	印　　次：2024年2月第6次印刷
ISBN 978-7-5714-2450-3	
定　　价：45.00元	